Просто Я

Избранное

Алевтина Дагстанян

Order this book online at www.trafford.com
or email orders@trafford.com

Most Trafford titles are also available at major online book retailers.

Printed in the United States of America.

ISBN: 978-1-4669-1927-3 (sc)
ISBN: 978-1-4669-1925-9 (hc)
ISBN: 978-1-4669-1926-6 (e)

Library of Congress Control Number: 2012904248

Trafford rev. 06/14/2012

 www.trafford.com

North America & international
toll-free: 1 888 232 4444 (USA & Canada)
phone: 250 383 6864 ♦ fax: 812 355 4082

Содержание

Моим дорогим, любимым и единственным: мужу Рубену и сыновьям Эдуарду и Давиду от всей глубины моей мятежной души . . .

От автора

"Не ищите чёрную кошку в тёмной комнате, особенно, когда её там нет."
Конфуций

Эта книга посвящена празднованию прожитой мною жизни и отражает некоторые перенесённые чувства и эмоции приобретённого за этот период опыта.

Было в моей жизни много и хорошего и - плохого, и интересного и - нудного, и весёлого и - грустного . . . Но самое главное,- чувство юмора пока ещё по-прежнему ношу с собой и продолжаю принимать старушку жизнь со всеми её сюрпризами и капризами, болячками и ворчаниями . . .

Читайте, удивляйтесь, недоумевайте или сопереживайте. Поделитесь своим мнением по окончании, если таковое желание у вас появится.

Желаю вам всегда наслаждаться полнотой вашей жизни и ценить по достоинству всю деликатность её хитросплетения.

Будьте благодарны каждому прожитому мгновению и всегда помните, что эти мгновения были бы невозможны в мире одиночества . . .

Иллюстрация 1 *Пегас.*

Мне снился сон . . .

Мне снился сон с престраннейшим сюжетом,
Как буд-то в призрачной незримой дали где-то
На фоне пурпурного зарева рассвета
Я был конём заснеженного цвета.

Я мчался вскачь в лазоревых просторах
Не заплутав в озёрах и призорах,
Перелетая пропасти, в которых
Томился мрак в чернеющих покровах.

Не признавая больше расстояний
Отбросив явь свершившихся деяний,
Я мчал на крыльях солнечных сияний
Чрез пики гор, стоящих в покаянье.

Я дерзким взором обводил просторы,
Где мне навстречу небо падало на горы,
Цветов и птиц раздумий переборы
На шёлке гривы провело узоры.

В груди могучей чувство ликованья
Меня пьяняло, словно воздаянье
За рабство будней,- жизни подаянья,
Даря бесстрашного полёта чарованье . . .

Алевтина Дагстанян

Встреча с кудесницей

Хочешь, научу я чудесам,
Магии Сиреневой планеты?
В жизни всё ты сможешь сделать сам,
Подбирая сам себе приметы.

Как водой живою излечить,
Тайну сердца разгадать любого,
Как любви микстуру получить,
Ну и много разного другого . . .

Алевтина Дагстанян

Одессит в Америке

За утренней чашечкой кофе,
С сигарой гавайской во рту,
Сидел ты в панаме на софе
И рюмку тянул коньяку . . .

Иллюстрация 2 *Портрет отца. 1978 г.*

Пусть . . .

Моему задумчивому отцу:

Пусть не всё получилось, как думалось,
Пусть не всё, как мечталось, сбылось . . .
И природа, бывает, навьюжилась,
А потом, глядишь,- улеглось . . .

Вот тобою взращённое дерево
Расцвело и приносит плоды.
Ты ж на фоне небесного зарева
Всё, задумчив, стоишь у воды . . .

Ты не думай, не надо, родимый мой,
Понапрасно себя не тревожь,
Это просто навеяло грусть луной,
Освещающей водную дрожь . . .

Это просто дорожка лунная
Неустойчиво вдаль бежит,
Твои мысли сребристопрудная
Тонкой ниточкой вслед манит . . .

Не беда, что в ином полушарии,
Тебя любят, как прежде и ждут.
Дай же бог,- и разлук испытания
Побыстрей стороною пройдут . . .

Алевтина Дагстанян

Надоевшие сплетни

Окончен бал, погасли свечи,
Везде окурки, мусор, грязь . . .
И вновь ложится мне на плечи
Мысль, что напрасно родилась . . .

Цветы и счастье дарит праздник,
Но он - не част, а жизнь - длинна . . .
И только встреченная Асмик
Со сплетней жизнью суждена . . .

Алевтина Дагстанян

Под впечатлением . . .

Под впечатлением прочитанных страничек
Сажусь опять марать своим пером.
Мне не́ дал Бог ни братьев, ни сестричек,
Но не жалею я почти совсем о том.

Свела Судьба с хорошим человеком,
Дала мне Жизнь двух милых сыновей,
И наградила двадцать первым веком,-
Порою претворения Идей.

Мне в чашу поровну и Радости и Горя
Налили чьей-то очень щедрою рукой,
Но капля яда, растворившись в винном море,
Отравит сердце снова чёрною тоской . . .

Мой взгляд подёрнет серой пеленой печали,
Я мыслью вновь отправлюсь к праотцам . . .
Меня опять с ненастьем обвенчали
И я иду с вопросом к мертвецам . . .

Крестясь смиренно, преклонив колени,
Я позову их всех по именам
И из могил передо мною встанут тени
Всех тех, кого любил, иль - не желал . . .

Алевтина Дагстанян

Просящим подпеть

Мне дороже разговоров -
                      эти горы.
И важнее обсуждений -
                      горечь терний.
Эти камни, буераки,
                      реки горные, овраги,
Этих кактусов и палем
                      вид печален . . .
Зазывают меня в песню -
                      мир телесный . . .
Не поётся. С ними вместе
                      там мне - тесно . . .

Алевтина Дагстанян

Одиночество чужбины...

Одиночество чужбины
Хладом сердце обдаёт,
Безысходная кручина
Душу липко обовьёт...

В вечер зимний, звёздно-стылый
Я пред свечкою сижу
И в родимую сторонку
Строчки грустные пишу...

Свечка капает на руку
Перламутровой слезой.
Ностальгическую муку
Я всегда ношу с собой...

Алевтина Дагстанян

Обиды в сердце не держу...

Обиды в сердце не держу,
Хоть на душе всё та же мгла.
До дна я чашу осушу,
Пришла, куда Судьба вела ...

Горька ли, сладостна ль печаль,
Поможет время осознать.
Слезиться, как и я,- свеча.
Чему уж быть,- не миновать ...

Душа по-волчьи на Луну
Взвывает,- эхо лишь в ответ.
К чему стенанья и к кому ...
Мой срок идёт за много лет ...

И вновь в забвеньи сна,- покой
Я ненадолго нахожу ...
О, Господи ты, Боже мой,
Когда же мир я обрету?!

Мне опостылело давно
Теченье времени Судьбы,
Уже совсем мне всё равно
Я - с яви, иль из темноты ...

Спираль замкнулась в злобный круг
С порывом в прошлые века ...
Лишь Дарнел, мой милейший друг,
Всё терпеливо ждёт меня.

Всё терпит выходки мои,
Строптивость нрава и печаль,
Всё ждёт, когда ж его огни
Мне покидать вдруг станет жаль ...

Иллюстрация 3 *Волчья песня.*

А я, как прежде,- не спешу
Покинуть явь судьбы земной,
Всё тешусь, мыслью дорожу,
Предвидя путь свой в мир иной . . .

Обиды в сердце не держу,
Хоть на душе всё та же мгла.
Та мгла, куда я ухожу,
Мгла, породившая меня . . .

*** *(Пройдут года)*

Пройдут года - сотрут воспоминанья . . .
Для вас я кану в бездну бытия,
Забудете вы встречи
                                и прощанья,
Но никогда
                        вас не забуду я . . .

Алевтина Дагстанян

Отрывок из взгляда на прошлое

Я сегодня полный траур надеваю
И над жизнью поднимаю чёрный флаг.
Все надежды я сегодня поминаю,
А мечтания отныне - серый прах . . .

Алевтина Дагстанян

Не жалуйся

Трудно быть самим собою
В круге будничных забот.
И легко клянуть судьбою
Круговерть своих хлопот.

Алевтина Дагстанян

Вот и всё . . .

Вот и всё, свет мой Аленький,
Твой итог - счёт не маленький,
Тридцать лет пролетели, словно в небытие . . .

Тридцать зим, тридцать вёсен . . .
Приближается осень,
Хоть и златочервонная, но тоскливо чуть-чуть . . .

Отгремели зарницы
И в алмазах ресницы,
И церковные свечи догорели до тла . . .

Я ль тебе не гадала?
Я ли не предсказала,
Что дорогою Млечной тебя тянет во тьму . . .

Что ж теперь ты взгрустнула,-
Вся в душе утонула?
И печальные мысли крутят прошлое вспять . . .

Сердце гложет змеёю,
Память тонет в настое
Трав, что детской рукою так и не сорвала . . .

Давит бремя на плечи
И не может быть речи,
Чтобы ношей своею поделиться с другим . . .

Так зачем себя мучить?
Сгинет грусть - змей ползучий,
Не терзайся напрасно, всё твоё - впереди . . .

И рассветы, и радости,
И победы, и шалости . . .
В цвете зрелого плода есть своя красота!

Обмахни-ка алмазы!
Ценишь всё ведь не сразу . . .
Я зажгу снова свечи своей лёгкой рукой . . .

Хорошо нам с тобою,
Обнимаясь со мглою,
Любоваться на звёзды в небе южной ночи . . .

Прикорни на плечо мне,
Растворись в этой нежной мгле . . .
Вот и всё, свет мой Аленький:
                             всё ушло,

                                      всё прошло . . .

Жизнь мою . . .

Жизнь мою драгоценным напитком я в озеро
выплесну.
Косы жертв красной лентой судьбы я с утра
подвяжу.
Дно печалей моих я ракушками нежности
выстелю.
Слёз тревожных янтарь к побережью тоски
подложу.

Разольюсь в полноводье любви переполнившей
наводью.
Колокольчики счастья я вздохом надежд
озвучу.
В наслажденья экстазе раскинусь невинности
пагодью.
Соблазню утончённой красой и навек
удержу.

Алевтина Дагстанян

Штрих

Мне хочется, как волку, влезть на стенку,-
С размаху вдруг втемяшиться в неё,
Иль взвыть на месяц, заломив коленку,
Включив в тот вой занудное нытьё . . .

Как жаль,- не вмочь подобиться мне волку,
Не в силах быть всегда самим собой.
А взвыть от сердца - что тут будет толку,
Коль говорят не с волком, а - с тобой . . .

Иллюстрация 4 *Воющий волк.*

Алевтина Дагстанян

Проходят годы . . .

Родной-любимой-дорогой
И столь далёкой БаМе
Открытку эту все мы шлём,
Душой и сердцем с вами . . .

Проходят годы, но средь испытаний,
Всё чаще память вдруг откроет уголок
Прошедших дней, стремлений и исканий,-
Неугасимой жизни уголёк . . .

Сидишь опять ты в сумрачном уюте.
Упало солнце на ночь в свою тень.
Но ты опять в искрящемся приюте
Неповторимой юности своей.

Опять, как прежде, вьюга разворчалась . . .
Под взглядом паренька, едва жива,
К спасительнице-печке ты прижалась
И черт твоих открылась чистота . . .

А он взглянуть, в волненьи, не решаясь
На твой такой иконописный лик,
Пожизненно от дома отрекаясь,
Всю глубину любви тогда постиг.

Моя родная, пусть тебя увидеть
Мне в этот зимний день не привелось,
Чтоб память пустотою не обидеть
Тебя другой запомнить удалось . . .

Усталая и грустная лежала
Ты, обессилев от сумбура дня.
Лишь на мгновение ты глаза смежала,
Чтоб усыпить, упрямую, меня.

Иллюстрация 5 *Портрет матери.1978 г.*

А я ж не спать подольше всё старалась,
Чтоб не ушла ты снова по делам . . .
Твоим теплом я строгим наслаждалась,
Не остудить которого годам . . .

Так знай, когда сидишь ты в одиночку,
В воспоминаньях на исходе дня,-
Твой образ посещает дочку
В мираж любви и детства вновь маня . . .

Что тебе . . . пожелать

Что тебе, как ближайшему другу,
Пожелать в этот день я не знаю . . .
В этот день обвенчалась ты с Жизнью,
В день, когда я тебя потеряю . . .

Я усилю стократ своей мыслью
Твою связь со вневременной далью,
Я сольюсь с твоим "я" воедино
И себя в этот миг потеряю . . .

Твои тернии Жизни смягчаться
И Звезда твоя спуститься ниже,
Чтоб Удачей твой путь освещая,
Двинуть Цели твои много ближе . . .

Алевтина Дагстанян

До крика . . .

До крика, до вопля, до боли в затылке,
Заломленных рук и согбенной спины,
До мути на дне и души и бутылки
Друзья дней ушедших опять мне нужны . . .

Алевтина Дагстанян

Будущей женщине

Стройная, весёлая, смешная
Девочка-подросток - у окна.
Гибкая, в движении живая,
Кровь жарка, как пламя у огня.

Пусть пока, природе потакая,
Женщина в тебе ещё молчит,
Но придёт и этот день, я знаю,
И любовь в тебе заговорит.

Как цветок прекрасный -невидимка
Распускается с восходом до зари,-
Так любовь возникнет, словно в дымке,
Призраками счастья и судьбы.

Только заклинаю тебя страстно:
На неё вниманье обрати!
Коль её пропустишь, то напрасны
Все попытки счастье обрести . . .

Алевтина Дагстанян

. . . Лицо Луны . . .

Печальное лицо Луны
Глядит застывшими глазами.
Вопрос извечный: я и ты,
И взор, омытый вновь слезами . . .

Алевтина Дагстанян

*** *(Мне не жилось)*

Мне не жилось совсем в Луизиане,
Но здесь мне тоже быть не вмоготу!
Я обращусь с мольбой к старушке Анне,
Быть может там покой я обрету . . .

Алевтина Дагстанян

На панихиде

Ты так прекрасна, как невеста, в платье белом . . .
Богатый шёлк волос твоих струился вниз . . .
Но не на радость в доме том свеча горела . . .
Свеча горела, плача воском на карниз . . .

Иллюстрация 6 *Лик 1973 г.*

Молитва

Господи, дай мне мужества,
Терпения дай мне и сил!
Чтобы кошмар всего ужаса
Рассудок мой не погасил!

Чтобы с утра и до вечера
Я равнодушно смогла
Увидеть иль даже выслушать
Все придирания зла!

Чтобы хватило сил при том
Выстоять, не уступив!
Резким сердечным приступом
Случай бы вдруг не скосил!

Чтобы родного и близкого
Господь сохранил от беды!
Взываю к тебе, Всемогущему:
Господи,- убереги!

Господи ты мой Всевидящий!
Сверши справедливый суд!
Хотя бы когда в мой последний путь
Меня на руках понесут . . .

Алевтина Дагстанян

Мерцание свечи...

Мерцание свечи в плывущем полумраке.
Мне ухает сова и воют вслед собаки!

Горящие глаза... Шуршание колоды...
Таинственные звуки неведомой природы...

Уродливой ногой упёрся стол о камень.
В экстазе неземном танцует свечки пламень.

Я в зеркало взглянул и в ужасе отпрянул -
Плешивый вурдалак оттуда сюда глянул...

И тут из темноты, ехидно ухмыляясь,
Гремя об пол костьми, пошёл скелет, шатаясь...

Я засипел, считая, что громко заору,
И в землю врос ногами, решив, что побегу...

Захохотала ведьма, летая над столом,
Усевшись резво в ступу, махая помелом...

И стали тут сползаться в пещеру упыри...
Шуршали надо мною крылом нетопыри...

Клыками скрежетали вампиры на меня
И призраки шептались, глазищами горя...

Всё уже круг смыкался - не вырваться никак!
Кошмарные виденья под сиплый вой собак...

Себя я Крёстным знаменем тут трижды осенил
И вырвался из ада я - будильник зазвонил...

Алевтина Дагстанян

Искушение

Божественной Лауре
Петрарка посвящал
Стихи. Но я в натуре
Лауру не видал . . .

И с королевой Марго
Столкнуться не пришлось.
Но Маргариту-чудо
Увидеть довелось . . .

Подобная мадонне
В волнующей тиши
Ты в кресле, как на троне,
Сидела, опершись.

И взгляд очей прекрасных
Куда-то в пустоту,
Задумчивых и ясных,
Меня терзал в аду . . .

Бесстрастный лучик света
Скользил по полутьме,
Легко тебя касаясь,
Маня меня к тебе.

Ты мыслями далёко
Витала в этот миг . . .
Благоговев душою,
Я зрил чудесный лик . . .

Я б кинул к твоим ножкам
Сокровища Земли!
Готов был, хоть бы кошкой,-
Но стать на миг твоим . . .

Но дрогнули ресницы,
Вздохнула ты слегка,
Небесною орлицей
Вдруг бровью повела . . .

И, протянув ко мне, ты
Вдруг пальцем щёлкнула:
"Швырны-кась сыгарэты!"-
Вдруг басом изрекла . . .

Так, в образе мадонны,
Страшнейший Вельзевул,
Поймав в свои оковы,
Мне глазом подмигнул . . .

*** (Как хочется)

Как хочется двинуть в зубы
Хотя бы кому-нибудь!
Как хочется бросить думать
Хотя бы когда-нибудь!

На сутки, хотя бы на день,-
Остаться совсем одной
И отдохнуть рассудком,
А вместе с ним и душой . . .

Алевтина Дагстанян

Апатия

Я сижу, смотрю и думаю:
                    Вот кому всё это надо?!
Если всем совсем до лампочки,
                    Кто сидит вокруг и рядом . . .

Все с "глубоким пониманием"
                    С умным видом восседают,
А о чём тут лектор глотку рвёт,-
                    Не желают и не знают . . .

Алевтина Дагстанян

Нелюбящему

Когда душа готова разорваться
От нестерпимой муки и тоски;

Когда уже не в силах улыбаться,
На край вставая свисшей в зло доски;

Когда обрывки нервов оголённых,
Как в судорогах сжаться норовят;

Когда под властью мыслей ослеплённых
Все чувства адским пламенем горят;

Когда вдруг жизнь твоя замкнётся в вечность
Круговорота бесконечных бед;

Когда укоров сердца быстротечность
Не в силах хоть на миг замедлить бег;

Когда вся безысходность болью
Заставит, взвыв, на стенку лезть тебя,-

Ты лишь тогда оценишь трезво долю,
Которую отвёл ты для меня . . .

Алевтина Дагстанян

Малышкина сказка

Влюблённые зайцы
Влюблённым зайчихам
Дарят букеты морковки.

Влюблённые лиха
Своим лишачихам
Дарят беды в коробке . . .

Алевтина Дагстанян

Прощание

Минута расставанья приближается . . .
Прощайте все, кого не знал и знал!
Кому при встрече
                    От души
                              Я руку жал
И те, кому руки не подавал! . . .

Быть может как-то вдруг, непреднамеренно,
Кого-нибудь я словом задевал . . .
Но всё ж могу я
                    Вам сказать
                              Уверенно,-
Достоинство ничьё не унижал!

Старался быть по мере сил отзывчивым . . .
С открытым сердцем в душу к вам входил . . .
И, если был
                    Когда порой
                              Обидчивым,-
В дороге Жизни зла не накопил . . .

Как много планов мною понастроено . . .
Но время, как песка сквозь пальцы нить . . .
Как видно так уж
                    Жизнью всё
                              Устроено,-
Желаний всех мне не осуществить . . .

Под знаменем Удачи ли, Проклятья ли,-
Я ухожу дорогою Судьбы . . .
Прощайте ж все:
                    Знакомые,
                              Приятели,
И недруг,- бог с тобой,- прощай и ты . . .

Алевтина Дагстанян

Отрывок надоевшей мысли

Всё незаметно глазу получилось.
А как и что - пойди сейчас пойми.
С родителями жизнь вдруг не сложилась,-
Уж, видно, не уйти нам от судьбы . . .

Алевтина Дагстанян

Обида

Обида, обида, обида . . .
На сердце и грусть, и тоска.
Как буд-то безвинно побита . . .
И вздуется боль у виска.

Не хочется больше смеяться
И просится снова слеза.
Как трудно сквозь боль улыбаться
И грустные прятать глаза.

Алевтина Дагстанян

Жертва инквизиции

Перед глазами плавает распятье
В тумане вихря умершей души.
И нет ни одного, чтоб выкрикнуть: "Не плачьте!"
Кругом: "Сожги, огонь!" и

"Дымом - задуши!"

На лицах - алчность зрелищ, а во взорах -
Лишь ненависть к такой же, как они . . .
Огонь ползёт, танцуя на опорах,
Всё ближе. Как змея,

шипит: "Умри!"

В экстазе боли, муки человека
Толпа, качаясь, всё твердит: "Горит! Горит! . . ."
. . . Как страшно знать, что в то же время века
Меня б сожгли под той толпы

безумной крик . . .

Алевтина Дагстанян

Полосатая жизнь

Опять в моей жизни,
    Минутой к минуте
        Идёт полоса неудач.
На жизненный путь
    Опускаясь горою
        Неразрешимых задач.
И всё же я верю -
    Придёт, откликаясь
        На разные голоса,
На смену невзгодам,
    На смену печалям,-
        Счастливая полоса.

Иллюстрация 7 *Всматривающаяся тигрица 1994 г.*

Алевтина Дагстанян

Я . . . на звёзды смотрю

Я, как в детстве, на звёзды смотрю
И, как в детстве, мечтаю опять,
Что услышу я песню твою,
Когда лягу я вечером спать . . .

Алевтина Дагстанян

Пересыщения предел

Окно, торшер и взгляд летящий . . .
. . . Стоит корова на лугу.
Восточный ветер леденящий . . .
. . . И стая галок на дубу.

От яств заморских запах тонкий . . .
. . . И кот, орущий за трубой.
Хрусталь, богема, шёпот звонкий . . .
. . . Наседки выкрик боевой.

Алевтина Дагстанян

Щедрость жизни

Жизнь так сложна и так скупа на комплименты!
Вот - было счастье, смотришь,

                    счастья больше - нет . . .
Щедра судьба, даря нам горе,- те моменты,
В тени которых тускнет

                  радости привет . . .

Алевтина Дагстанян

Окончен вечер

Окончен вечер, гаснут свечи,
В пустынном зале - эха звук.
Набросила себе на плечи
Его пиджак, объятье рук . . .

Прохладный вечер, месяц светит,
Непринуждённый разговор.
И вы - вдвоём на этом свете.
Вам - хорошо . . . до первых пор . . .

Сейчас вас счастье ослепляет,
Как солнца зайчик золотой.
Сейчас любовь вами играет:
То ты - им, а то он - тобой . . .

                          Ну, а - потом?

Алевтина Дагстанян

Возглас

Анормальность моя мне - не в новость.
Ей в глаза я взглянуть не страшусь.
Уж изучена мной эта область.
Вам всё чаще я странной кажусь.

Я могу "без причины" заплакать,
"Без причины" - для вас - хохотать . . .
Но всего мне опять не оплакать,
Точно так же, как - не осмеять . . .

Алевтина Дагстанян

Бог простит

Стук земли о крышку гроба,
Как набат, гремит в ушах.
Погодите там немного,-
Я ещё не отошла . . .

В душном саване мне тесно . . .
Опостылая нора . . .
Вы решили, коль телесно,
Так и духом я - мертва?!

Но напрасно в две лопаты
Засыпать землёю гроб!
Даже, если виновата!
Даже,- поскорее чтоб!

Суетитесь вы, толкаясь,
Я ж уж среди вас стою.
Молча, горько усмехаясь,
Бестелесная - смотрю:

Закопали, привалили
Глыбой,- чтоб наверняка,
Покрестились, "погрустили" и . . .
Осталась я одна . . .

Далеко ещё Пространство . . .
Далеки уже и вы . . .
Одиночества убранство
Холодит из темноты . . .

Пролечу, едва касаясь
Вас прохладой пустоты,-
Навсегда уже прощаясь . . .
Бог простит . . . Прощён и ты . . .

Алевтина Дагстанян

В который раз . . .

Ты упустил последний шанс
И счастье снова отвернулось . . .
В который раз . . . В который раз?!
Ушла любовь, не оглянулась?!

А время продолжает счёт
Неумолимый в мире этом,-
Судьба опять ведёт отсчёт
Твоим ошибкам и ответам

И вот, казалось,- в этот раз . . .
Но руки снова разжимались . . .
В который раз . . . В который раз?!
Они от счастья отказались?!

Прошёл твой миг, прошёл твой час,
Когда ты властвовал судьбою . . .
В который раз . . . В который раз?!
Теперь не знаешь ты покоя?!

И разум сердце бередит,
И рана кровью истекает,
И честь тебя не исцелит,
Хоть даже долг благословляет . . .

Ты ближнему помочь не смел,
Боясь переступить каноны . . .
Который раз уж твой удел -
Лишь мёртвые в углу иконы?!

Над тем опять слезу прольёшь,
Что пролетело безвозвратно!
Судьбу свою ты проклянёшь
И рок, грядущий неотвратно . . .
В который раз . . . В который раз?!

Пришла весна

Пришла весна,
Распелись птицы
На ветвях липы у окна.
И почки рвутся распуститься:
Уже слетает шелуха.

Пришла весна:
На небе чистом,
Пылая радостным теплом,
Сияет солнце. Луч искрится,
Лаская нас и всё кругом.

Пришла весна . . .
Весенний запах
Цветов, пылающих в траве
Зелёной, мягкой, нежно-новой
Плывёт, сгущаясь, по земле.

Пришла весна!
И сколько красок
Мгновенно вспыхнуло везде,-
Как буд-то лампочки на ёлке,
То - извещенье о весне!

Алевтина Дагстанян

Болото

Всё разговоры, разговоры, разговоры,
Болтают все вокруг меня, кому - не лень . . .
Выносят сплетники любому приговоры,
И без разбору на любого бросят тень . . .

Алевтина Дагстанян

Возвращение

Синее небо стремиться ко мне,
Давящий свет фонарей на перроне
И снова я еду, словно во сне,
В тесном прокуренном общем вагоне . . .

Месяц за тучку надолго зашёл,
Звёздочки скрылись, буд-то под полог.
Будь проклят миг, когда ты подошёл!
Ловко придумав какой-то там повод.

Шепчет мне дождик печаль и тоску,
Сердце сейчас разорвётся на части,
Что еду теперь ни к тебе, а - к нему,
Ведь именно он не оставил в ненастье.

Именно он меня крепко любил
И стра́стей мирских даже не побоялся!
Как ты говорил? "Я тебя полюбил . . ."
Мою тайну открыв, от меня отказался?!

Ветер холодный все тучи раздул.
Ты передумал, пришёл извиняться . . .
Он, а не ты, меня к жизни вернул!
Уйди! Не проси! Нам не надо встречаться!

Алевтина Дагстанян

Вновь

Который раз я "напускаю вид"
И притворяюсь, буд-то не ревную . . .
Который раз мне кажется, вот - миг,
Но всё проходит, снова всё - впустую . . .

Мне бы вернуться, улыбнуться и сказать,
Что все обиды - в прошлом, всё забыто,
Что я готова снова всё начать,
Начать с любви, с "разбитого корыта" . . .

Я бы всю жизнь хранила ту любовь.
И, даже, если б снова повторилось,
Готова бы была начать всё вновь
Мне только б знать, что я тебе

не разлюбилась . . .

Алевтина Дагстанян

Расставание

Моему Рубену

Печальной будет эта песня,
Что пропою сейчас вам я.
Встречали осень с ним мы вместе,
Встречаю зиму я - одна.

Снега холодные закрыли
Любви осенний листопад.
А мне казалось, мы - любили
Все дни осенние подряд . . .

Нам осень чудилась весною,
Казалось с нами всё поёт.
Но он - уехал, а за мною
Любви тоска к нему идёт . . .

Алевтина Дагстанян

Памяти любви

Мелкий убаюкивавший дождик
Нежно падал с голубых небес,
Редкой каплей, словно острый ножик,
Оставлял на лужах он прорез.

Расходясь кругами от прореза,
Колебалась на свету вода.
Словно тень искусного отреза,
Расплывались в лужах кружева.

Ты из тех кружев сплетала песню.
Разносил твой голос ветерок.
И к твоей душе прильнувши тесно,
Жаждал я любви напиться впрок.

Я своею смелою рукою
Обнажал твою девичью грудь,
Захлебнувшись песней роковою,
Всколыхнувшей в сердце юном муть . . .

Пролетели годы безвозвратно.
Перепачкалась в грехах душа.
Но всю жизнь зовёт меня обратно
Эта песня, память вороша . . .

Алевтина Дагстанян

Письмо любимого

Приехала домой на выходные,
Там писем пачка - пишут мне родные.
И неродные тоже письма пишут,
И каждое письмо любовью дышет . . .

Один мне пишет: "Милая . . . Родная",
Другой: "Родная . . . Милая моя",
А третий: "Без тебя страдаю . . .",
Четвёртый: "Жизнь не мыслю без тебя!" . . .

Я всем нужна и все в меня влюбились,
И все мечтают, чтоб надежды сбылись . . .
Я - "радость", "жизнь", "надежда", "счастье", "смех" . . .
Для них -"мечта" я и "судьба", "желаний верх" . . .

Рука моя листает их посланья
Но глаз не радует в их письмах ничего.
Была надежда, лишь одно желанье,
Но вновь средь писем нет письма его . . .

Я каждый раз домой с надеждой еду,
С волненьем в сердце пачку вновь беру.
Но зря ищу я,- нет, опять же - нету.
Его письма опять я не найду . . .

"Родная", "милая" - не от него я слышу,
С теплом любви не он письмо мне пишет
Я ж про любовь не напишу другим,
Ведь мною только он один любим.

Я верю в счастье и в свою звезду,
Останусь верной я любви к тебе,
Найду дорогу к сердцу твоему,
Ты только, милый, вспомни обо мне . . .

Алевтина Дагстанян

Ты в моей жизни

1. Я письмо твоё давнишнее опять беру.
Всё, что было, снова вижу,

Словно наяву.
Пожелтевшие страницы перелистываю
И читаю: "Здравствуй, Аля!

Я тебя люблю!"

Припев. Кудри чёрные, как буд-то

У Иисуса Христа . . .
Милый парень в джинсах, в куртке,

Я люблю тебя!
Самый сильный и красивый, лучший ты танцор!
Полюбили мы друг друга

Со знакомства

Ранних

Пор . . .

2. Я читаю эти строки . . . Буд-то наяву
Снова вижу, снова слышу,

Вновь я чувствую . . .
Ты стоишь перед глазами, словно как тогда . . .
Нежно трогаешь губами, шепчешь:

"Я

Люблю

Тебя!"

3. Боги крутят во вселенной разные миры . . .
Всё пройдёт, но неизменны

Только я и ты . . .
И сквозь годы сохраняя крепкую любовь,
С наслажденьем день признанья

Вспомним

Вновь

И вновь . . .

4. Порастёт быльём планета в сказках и мечтах . . .
Мы с тобой припомним где-то

При седых годах,
Как прекрасна жизнь и юность, счастье, ласка,
смех . . .
Как тебе я улыбнулась,

Выбрала

Из

Всех . . .

5. Будут старость, дети, внуки, но к нам в гости вновь
Без печальных дней разлуки

Завернёт любовь.
Будет гостьей постоянной, словно член семьи.
Буду я твоей любимой,

Если

Любишь

Ты . . .

Наличие отсутствия

Куплет. Не верю,

Не верю,

Не верю

Я больше

Словам.

Встречали,

Встречали,

Встречали

Мы вместе

Рассвет.

Признался,

Признался,

Признался

В любви тогда

Вам.

Но вы,

Прошептали,

В ответ мне

Одно только

Нет".

Припев. Нету, нету, нету в жизни счастья,
                              Света.
Нету, нету, нету в жизни звёзд,
                            И неба.
Нету, нету, нету в жизни жизни,
                            Лета.
Нету, нету, нету, нету, нету.
                            Нету!

Дождь слёз

А дождь всё льёт и льёт
По лужам по осенним.
Любовь же не придёт
По сумеркам вечерним.

Нет солнышка давно
И небо затянулось,-
Всё в тучищах оно.
Любовь же - не вернулась.

Как не вернуть зарю,
Любовь ты - не воротишь.
Не обмануть Судьбу,
Хоть очень того хочешь . . .

Весна уже прошла,
Окончилось и лето.
И с ними унесла
Разлука счастье это.

Остался только дождь
И слёзы на ресницах,
Несчастье, горечь, ложь,
И стёршиеся лица . . .

Алевтина Дагстанян

Южный романтизм

1. Тихий всплеск ласкающей волны
На темнеющем от ночи ложе моря.
Отзвуки бесед порой слышны,
Смех до слёз, от счастья и - до боли . . .
Синий бархат бездны - небосвод
Украшают звёзды-бриллианты.
В лёгких волнах серебро плывёт,
Где-то очень тихо бьют куранты . . .

Припев. Вот и полночь пробили часы.
Подмигнув, Луна прикрылась тучей.
В тёплой темноте лишь - я и ты,
Да ещё божественнейший случай.
Случай, что украл у Бога Еву,
Случай, что изгнал Адама с неба,
Случай, что устроил Рай и Ад
Неизвестно сколько лет назад.

2. Ты лежишь на камне у воды
Головою на моих коленях.
Я ласкаю волосы твои.
За спиною - кипарисы в тенях.
И моя рука твоей рукой
На груди твоей прижата плотно.
Чувствую - всё чаще сердца бой.
И пора идти, да нет охоты.

Припев. Сердца ритм твой сверю со своим -
В унисон биенье и желанье . . .
Мы прелестно молча говорим,
Случай дал нам это дарованье . . .
Случай, что украл у Бога Еву,
Случай, что изгнал Адама с неба,
Случай, что устроил Рай и Ад
Неизвестно сколько лет назад.

3. Наши с тобой помыслы чисты.
И как с морем в горизонте небо,
Так и наши мысли и мечты
Слились воедино в вечер этот.
Наши встречи уж который год
Только нежность счастья нам приносят.
Нам не страшен даже чёрный кот
И всё прочее, что "черти носят" . . .

Припев. Будет миг - разгонит ветер тучи
И, уже не прячась в темноте,
Вместе будем мы, коль будет случай,-
Вместе на Земле, в одной семье . . .
Случай, что украл у Бога Еву,
Случай, что изгнал Адама с неба,
Случай, что устроил Рай и Ад
Неизвестно сколько лет назад.

Осенняя любовь

О, осень, чудное творенье!
Как много даришь сердцу ты . . .
Тумана дым-самозабвенье,
Отлёта птиц миг суеты.

Как буд-то волосы любимой
В червонном золоте листва.
И отражаясь в Волге тихой
Плывут по небу облака.

И небо хмурое над нами
С тобой мне кажется милей,
Когда под быстрыми ветрами
С тобой в машине мчусь к заре . . .

Алевтина Дагстанян

Новогоднее поздравление

Сияньем бриллиантов снег покрыт
И Новый Год приходит в каждый дом.
Для каждого мой дом сейчас открыт,-
Входи с добром, но не входи со злом!

Пусть этот праздник счастье принесёт
И отодвинет зло на задний план!
Началом радостной цепочки этот год
Пусть станет всем последуйщим годам!

Алевтина Дагстанян

Цыгане

Тёмная тёплая ночь опустилась.
Рядом пасутся в степи скакуны.
В небе Луна одиноко светилась,
Слушая песню гитарной струны.

Табор цыганский в дорожном привале,
Отблеск костров, золотой перезвон . . .
Пили вино, пели, да танцевали,
Так, что срывался усталости стон . . .
                            Где эта ночь? . . .

Алевтина Дагстанян

Вопль души

Чисты творенья рук твоих, Всевышний,
Создавших плоть, любовь и тьму ночи!
Хотя порю среди наших ближних
Бывают топчущие их в грязи . . .

Алевтина Дагстанян

Неустроенность жизни

Остановитесь мысли, уж хватит бегать вам,
Не то взбешусь и сразу я трёпку вам задам!
Сосредоточься мозг мой, работа ждёт тебя!
Иначе премиальных совсем лишат меня!

Как, боже, надоела вся эта дребедень!
Что, чёрт возьми, не делай, так - делай каждый день!
Жилья, прописки - нету, мифический оклад . . .
Как можно говорить тут, что всё идёт на лад?!

Когда работа - в тягость, когда ребёнок есть,
А он не только дышит, но - тоже хочет есть,
И мы ведь "человеки", и нам - охота благ!
А выхода тут - нету, хоть помирать ты ляг! . . .

Алевтина Дагстанян

Влюблённость

Твои глаза повсюду ждут мой взгляд:
Две чёрных пропасти,
               Бездонные,
                       Как вечность . . .
И я болтаю что-то невпопад,
               Смущенье скрыв,
                     Изобразив беспечность . . .

Алевтина Дагстанян

Без сожалений

Хоть седина виски припорошила
И отгремела юности весна,
Тропинку длинную судьба нам проложила
И память ясную нам навсегда дала!

Алевтина Дагстанян

Тоскливый монолог

Тоска на сердце, в печени, в желудке,
Тоска в душе и вообще - тоска . . .
Кругом мелькают разномастные ублюдки
И каждый ищет пожирней себе куска . . .

Имею цель, имею даже средства,
Но не имею ценности одной -
Нет времени, чтобы достичь "наследства",-
Живу - не там и в жизни, жаль,- не той.

Мне б овладеть способностью завидной,-
Уметь бы мне крутить века назад.
Жила б я жизнью вовсе не обидной
И применяла б там я свой азарт.

А что я здесь могу себе позволить?
Рискуя вечно, волю сжав в кулак,
Должна судьбу свою я беспокоить,
Чтобы везенья получить мне знак . . .

Ценю партнёра лишь под стать себе я
В любых вопросах и в любых делах.
К любому в жизни отношусь, не веря,
Будь это и в изысканных кругах.

Всё в этой жизни очень сложно-просто.
И важно просто слишком много знать.
А наряду, хоть это очень сложно,
Момент почувствовать, когда пора смолчать . . .

Смешно, тоскливо, пасмурно и грустно.
Вокруг, пока,- не те и жизнь - не та.
Но цель уже видна, хотя пока и тускло.
Какая всё же это суета!

А, всё равно - тоска . . .

Алевтина Дагстанян

Тайна познания

Как мы спешим цветок сорвать,
Запретных яблок откусить,
Как близкими спешим мы стать,
Хоть вовремя должно всё быть!

И мы с тобой - не исключенье.
И мы вкусили тайный плод.
Теперь вот - ссоры, отчужденье,
Разлад душевный . . . И развод?

Мечты все в пропасть ниспадают,
Как ты ни клей - всё лопнет вновь . . .
А может с теми так бывает,
Кто лишь играет во любовь?

Но как же мы тогда с тобою?
Ведь чисты чувства были в нас,
Ведь не играли мы любовью,-
Сама любовь кипела в нас . . .

Но кто-то что-то недопонял,
Чего-то кто-то не сказал,
И тут же кто-то что-то вспомнил,
На что-то кто-то указал . . .

А первый шаг кто сделать сможет?
Всё объяснить, понять, простить . . .
И радостное вспомнить тоже . . .
И счастье снова воскресить? . . .

Не торопись познать пораньше,
Потом не склеишь черепки,
Когда таинственная чаша
Вдруг выскользнет с твоей руки . . .

Алевтина Дагстанян

Жалоба звёздам

Звёзды мне подмигивают страстно,
Словно за собою в даль маня . . .
Звёзды-звёзды, разве вам не ясно,
Что меня не выпустит Земля?!

И что своим законом тяготенья,
Начертав мне путь судьбы иной,
Каждым днём везенья-невезенья
Сократит мой календарь живой . . .

Алевтина Дагстанян

Прости-прощай

по мотивам народных песен

Плачет тихо иволга за речкой,
Солнышко скатилося с небес.
Щипет, щемит, давит мне сердечко,
Говоря, что больше нет чудес.

Ветви у рябины, словно кровью
Несчастливых дней, обагрены.
Горестно прощаться мне с любовью,
Но ему уж встречи - не нужны.

Я ж не верю больше в обещанья,-
Слёз и горя хватит через край . . .
Милый, этот миг - с тобой прощанье.
Я тебя забыла, так и знай.

Алевтина Дагстанян

Пунктир

Я - твоя, и - не твоя,
Ни - с тобой, ни - без тебя . . .
Светом солнечным даря,-
В темноте живу, скорбя . . .

Алевтина Дагстанян

Сирота

Облезлый шкаф и колченогий стол,
Диван продавленный с торчащею пружиной,
С отбитым краем кружка, грязный пол,
Без ножки стул с дырявою корзиной . . .

Иллюстрация 8 *Одинокий щенок.*

Алевтина Дагстанян

Первая любовь

Я вся полна тобой
                    В весенний этот день.
Брожу одна по городу,
                    А рядом бродит тень.

Тень облик твой опять,
                    Уже в который раз
Принять стремится и начать
                    Нехитрый свой рассказ.

Тень голосом твоим
                    Мне шепчет о любви.
Я с жадностью внимаю и
                    Твержу ей: "Говори!"

О, говори, пожалуйста!
                    Не умолкай, прошу!
Я слушаю под сердца бой
                    И вот уж чуть дышу . . .

Она - со мной, а кажется,
                    Что ты со мной идёшь,
Под пенье птиц и сердца бой
                    Свой разговор ведёшь . . .

Как жалко, что в действительность -
                    Не воплотить мечту,
Но всё же одиночеству -
                    Мечту я предпочту . . .

Алевтина Дагстанян

С Новым годом!

Бежит за минутой - минута,
        Как буд-то сквозь пальцы - вода.
Вот также незримо уходят столетья:
        Мгновенья, и дни, и года . . .

А кто-то невидимый рьяно и точно
        Ведёт неуклонно отсчёт,
Как в древности звёзды без устали видел
        И счёт продолжал звездочёт.

Проходят столетья, но вечным из вечных
        Останется праздник, когда
Сменяются жизни, сменяются судьбы,
        Сменяют друг друга года.

Сияние ёлки в наряде искристом,
        Салюта огни, бой курантов, "ура!",
Улыбки, веселье и счастье на лицах,
        Шампанского брызги и "пейте до дна!"

Поднимем бокалы, поздравим друг друга,
        Всё злое и чёрное выгоним прочь,
Оставим лишь самое лучшее в мире,
        Да здравствует эта прекрасная ночь!

Алевтина Дагстанян

Отрывок письма в юность

Здравствуй, мой любимый,
Нежный и прекрасный,
Любящий, далёкий,
Ласковый мой . . . Здравствуй!

Уж давно прошла пора
Первой нашей встречи.
Помню, как обнял меня
Нежно ты за плечи.

Помню первый поцелуй,
Робкий, но и страстный . . .
И казалось нам тогда -
Мир весь - в нашей власти . . .

Алевтина Дагстанян

Просто Я

Икару

Я одинок в толпе
        и в одиночестве я -
                многолюден . . .
Пунктир дороги в жизни -
        слеп и
             удручающе безлюден.

Я цели контур не могу
        чрез суету
            никак увидеть
И каждый миг судьбу
        пытаюсь тщетно
           не обидеть.

О, как бы я взлетел,
        освободясь от тягот жизни
            повседневной
И сбросил с плеч уставших связь
        истлевшую
           с Землёю бренной!

Но, как ни расправлял
        в душевном трепете и страхе
            руки,
Я всё же не взлетел,
        а испытал лишь сердца боль
           и муки.

Отныне - навсегда, распластан на земле
        и больше уж
           не встану,
Хотя в мечтах летать
        в бескрайнем небе всё ж
           не перестану.

Алевтина Дагстанян

Тане Щавелевой

Зябко ёжась в чёрной кофте
        Таня пишет письмецо:
"Мне там выпить приготовьте!",
        Млеет у самой лицо,

Загораются глазёнки,
        Слюнки реками текут . . .
Хорошо, когда бабёнки
        Правильно тебя поймут.

Жизнь-копейка, жизнь-индейка,
        Молодость - всего одна . . .
Хорошо, коль есть лазейка
        Взять, что не дала судьба.

Попируем, погуляем,
        Ну, а годы, годы - тьфу!
Всё равно не прогадаем,-
        Прыгнем в старость, как в тюрьму.

Есть, что - вспомнить, есть, что - выпить,
        Даже есть, что - закусить.
В жизни счастья - не увидеть,
        Лучше сесть и покурить.

А когда, уже старушка,
        Ты хихикнешь, как дитё,
Вспоминая: ". . . заварушка . . ."
        И уйдёшь в небытиё.

А, пока что молода ты,
        Пей, гуляй,- твоя взяла!
В дом, что - в царские палаты,-
        Попадай. Инша Алла!

Алевтина Дагстанян

...Чужая звезда...

В небе загорится чужая звезда
Чуждый месяц с солнцем простится.
Но и в рае этом, чужом, никогда
Уж родной мне сон - не приснится...

Белую невинность берёз у реки
Уж не отражать синим водам...
Друга детства верной вовеки руки
Не держать мне в день непогоды...

Алевтина Дагстанян

Жизненная гонка

Деревья такие же вроде зелёные
Растут-вырастают, но всё же - не те.
И небо такое же вроде бездонное,
Но знаю - не то, устремится ко мне.

И звёзды своей притягательной силою
Мне ласково светят, опять же - не те.
И юноша в парке целуется с милою . . .
Всё те же привычки и всё же - не те.

Всё так мне привычное издавна-исстари
Вдруг разом, в мгновенье, сменило свой лик.
Дни-кадры судьбы мчатся очень уж быстрые.
Лишь память их выхватит, высветит блик.

И к скорости жизни никак не привыкнуть мне,-
Я всё тороплюсь и боюсь не успеть.
Мне б не опоздать голос сердца послать к звезде
И песню судьбы мне б до точки допеть . . .

Алевтина Дагстанян

Из сигаретного дыма

Обкурили меня с головы и до пят,
Хоть отслуживай тыщу обеден.
А врачи повсеместно всегда говорят,-
Никотин даже лошади вреден!

Ну, а раз я - живу, значит можно сказать:
Что, назло медицинским сужденьям,
Мне здоровья у лошади не занимать,
Так что попусту склонность к обедням!

Алевтина Дагстанян

Слёзы горечи

Опрокинула судьба планы все мои до дна,
Истекла слезой кровавой и осталась я - одна.
Только горечь и обида, только боль утрат любви
Ныне мне достались в купе, кого хочешь,- укори . . .

Взгляд, которым ты одаришь, холодней всех льдов зимы.
Ты меня теперь обходишь, бегая, как от чумы . . .
Ты меня своей "Богиней" уж давно не называл,
Так, как раньше, когда страстно прямо в мочку целовал . . .

Утекла любовь под камень бел-горючий алатырь
И моя больная память онемела, как упырь.
Изваяю из себя я памятник твоей любви . . .
Как со мной сумел порвать ты,- память обо мне порви . . .

Алевтина Дагстанян

Полуночный разговор

- Что, подружка милая, тяжело глядишь?
Или думу горькую в сердце ты таишь?
Поделись, подруженька, ро́дная, со мной.
Коль беда нейсправная,- я всплакну с тобой,
Коли тому горюшку я смогу помочь,-
Помогу, душа моя, сколь смогу помочь . . .

- Милая подруженька, дам тебе ответ:
Думаю, что в свете-то правды больше - нет.
Далеко сторонушка ро́дная моя,
Матушка и батюшка - вда́ли от меня.
Муженёк мой суженый, милый мой сынок -
Далеко отсюдова, а какой в том прок?!

Я ж живу, горюя, слёзы горьки лью.
Я же не виновна-то, что свой дом люблю!
Матушку и батюшку, мужа и сынка,
А ему минуло-то полтора годка!
И ещё полгода нам так в разлуке жить,
Как от этой мысли мне тут да не тужить?!

- О, подружка милая, разве ж то - беда?
То беда, коль больше уж встреч нет никогда
С матушкой, да с батюшкой, с суженым своим . . .
Положу конец сейчас я горестям твоим!
Радуйся же, глупая, ты - жена и мать,
Можешь ты здоровеньких деточек рожать!

Ты - семьёй богатая: шалуном-сынком,
Матушкой и батюшкой, мужем-молодцо́м!
Ты надейся, милая, что придёт пора,
В дом приедешь ро́дный свой раз и навсегда.
Пролетят полгода те быстро,- не поймать.
Будешь в доме ро́дном ты жить, беды не знать . . .

- Всем словам, подруженька, верить я хочу . . .
- Ну да, благодарствуйте,- дале ж я пойду . . .

Потерявшись

Лишь ветер завывает вновь в ночной тиши
И рядом нету ни одной живой души.
Я в одиночестве пустом себя ищу,
Но, потерявшись, так себя и не найду . . .

Алевтина Дагстанян

*** (На память мою)

Моему отцу на 50-летие

На память мою, не считаясь ни с чем,
Прошедших годов выпадают сугробы.
Мне хочется возраст забыть свой совсем
Вдруг радость, как в детстве, почувствовать чтобы . . .

Мне грустью порою вдруг сердце сожмёт
Пытливо вгляжусь в своей памяти лица.
Вот детство по жизни и юность идёт.
Ах, как им потом суждено измениться!

Я молод душою и сердцем своим,
Хотя появились морщины волнений
И волос украсила россыпь седин
И всё же я молод и полон стремлений!

Я жизненной чаши до дна не испил
Сполна не отведал всю сладость и горесть.
Дороги событий не все исходил
Ещё в середине судьбы моей повесть.

Возьму беззаботность у детства на время,
У юности крылья взаймы попрошу
И, скинув прошедшего возраста бремя,
В манящие дали судьбы заспешу . . .

Алевтина Дагстанян

Случай в гостинице

"Кто стучится в дверь моя?
Видеть - в доме нет никто!
Щас поймать под зуб твоя,
Голова - пробить окно!

Деда только лечь поспать . . .
Чтобы морж сожрать тебя!
Сколько быть твоя стучать?!
Обозлится в кит моя!

Деда спать жена своя . . .
Ба! Терять куда жена?!"
Деда к двери - шмыг, спеша.
Дверь открыл, а там - она . . .

Алевтина Дагстанян

Зачем?

"Коль такова любовь, то что же в ней такого,
Что ты расстаться с нею не спешишь?"-
Меня спросила тень, беседуя со мною
И наруша сим ночную тишь.

"Я, Человек, тебя почти не понимаю,"-
Вновь тень сказала звёздным небесам.-
"Уж скоро будет час, как я тебе внимаю . . .
Но не понять, каким ты веришь парусам?

Зачем страдать, любя, терзаясь ежечасно,
Моля богов хранить твою любовь?!
Надеяться во лжи, от правды откупаться
И в сети слов бросаться вновь и вновь?!"

Седеет полумрак. Всю ночь идёт беседа,
А тень моя своё опять твердит:
"Зачем любить, едва окончив ненавидеть?!
И ненавидеть вновь . . . Уму претит!"
                                Кто объяснит . . .

Алевтина Дагстанян

Непосвящённому

Ты просишь написать стихотворенье
О жизни вообще, иль - о твоей . . .
Но можно ли природное творенье
В сравненье с нею описать мудрей?

Как посягнуть на жизни первозданность?
Проникнуть как к основам всех основ?
Как претворить пытливость? Непрестанность
Как обновить исканий? Ты готов?

Готов ли ты взвалить себе на плечи
Всю сложность жизни и своей судьбы?
Коль так уверен - вслушайся же в речь и
Не клянись, что ничего не понял ты!

Мудра природа сущностью своею,
Не раскрывая людям тайн судьбы.
И надо ли сближаться тебе с нею?
Насколько после будешь счастлив ты?

Всё предугадывать - не велика в том радость . . .
Всё в жизни понимать . . . Со страхом ждать,
Когда свершится снова неприятность . . .
Ведь радость перестанешь замечать!

Поверь мне, всей душой тебе желаю
Не знать судьбы своей, своих невзгод не знать.
Мудры не те, кто к мудрости взывают,
А те, кто вовремя умеют промолчать!

Поэтому описывать не буду
Судьбу и жизнь. Они прекрасны тем,
Что каждый миг - новы и дале будут
Сюрпризами от всех природных тем . . .

Алевтина Дагстанян

Соболезнования Азнив

Тяжела утрата человека.
Тяжела была во все века.
Близкого теряя человека,
Понимаешь, как печаль - остра.

Только ход событий каждодневно
Испокон веков - не изменён.
Кто-то умирает непременно,
Кто-то же рождается,- закон.

И нельзя сказать, что - так, бесследно,
Вдруг ушёл, исчез вдруг человек.
Не имеем права верить слепо,
Что жесток, немилостив наш век.

Ну а может, милостью природа
Чтоб острей смогли мы осознать,
Смерти против создала нам роды,
Утверждая жизни благодать . . .

Чтоб контрастней вдруг мы ощутили
Жизнь зачем дарована судьбой.
Чтоб добрей, великодушней были,
Чтоб ценнее прожили с тобой . . .

Трудно, понимаю, и тоскливо.
Не облегчат тяжести слова.
У меня самой такое было.
Но - проходит всё . . . Пройдут года

И однажды, в дань своим желаньям,
Ты вздохнёшь, задумавшись слегка,
Ощутив лишь грусть воспоминаний,
Да, быть может, чуть щипнёт глаза . . .

Иллюстрация 9 *Цветок на память 1979 г.*

А потом тряхнёшь ты головою,
Улыбнёшься, может быть, душой:
"Жизнь - живым! Так решено судьбою.
А уме́ршим - память и покой!"

Когда . . .

Когда не хочется в реальность окунуться,
Когда так хочется забыть себя совсем,
Когда надеешься в полёте ты вернуться
К той самой искренней заведомой звезде,

Ты повернёшь свой флюгер по ветру в надежде,
Что понесёт тебя к пленительной мечте
И лунный парус в звёздном поднебесье
Наметит путь твой по смеющейся судьбе.

Алевтина Дагстанян

. . . *Когда-то* . . .

Я когда-то танцевала
И когда-то пела . . .
Как давно всё это было,
Было - улетело,

Испарилось в дымке сизой,
Словно в летней грёзе . . .
Грусть прилипла неразлучно,
Словно тень - к берёзе . . .

Безмятежность юных зорек
Облаками уплыла́.
Старость бродит втихомолку
У открытого окна.

Суетни дневной болото -
Застоялая вода . . .
И другой уж вышел кто-то
В жизни зорьку, а - не я . . .

Иллюстрация 10 *Кудесница 1973 г.*

Просто Я

Лесная Фея

Нане

В слезах я однажды домой прибежал
И горестно деду про всё рассказал:
"Девчонка противная в нашем дворе
Меня осмеяла при всей детворе!"

"А как её звать?" - усмехнулся мой дед.
"Да,- Наной," - махнул я рукою в ответ.
Тут дед подмигнул мне лукаво: "А ты
Не слышал о Фее Лесной Доброты?"

Я слушал его в этот час, чуть дыша,
В большом изумленьи всем телом дрожа.
"Добра и прекрасна для честных людей,
Но жутко боится с ней встречи злодей!"

Дед спрятал усмешку в пушистых усах,
Но прыгали бесики в карих глазах:
"С тех пор утекло уже много воды,
Но Нану Лесную везде встретишь ты.

Коль будешь ты добрым и честным всегда,
То тут же тебе отзовётся она . . ."
Я вмиг в нетерпеньи во двор побежал
И Нане-обидчице тут же сказал:

"Я знаю! Я тайну твою уж раскрыл:
Ты добрая - с добрым и злая - со злым!
Я знаю! Ты - Фея Лесной Доброты!"
Она засмущалась: "Смешной какой ты . . ."

Потом предложила, лукавя немного:
"Дружить со мной хочешь? Навечно-надолго?"
Я вырос и выросла Нана моя.
Для всех она - Фея, а мне же - жена . . .

Алевтина Дагстанян

Другие берега

Утекли мои годы
Бурной горной рекой.
Жизнь с весельем ль, с бедою ль
Мы делили с тобой.

Не вернётся весна
Уж опали цветы
Всё богатство моё -
Годы, дети и ты.

Мне лишь жаль одного,
Что не сможет уж мать
Своей щедрой рукой
Меня к сердцу прижать.

Занесла нас судьба
Далеко за моря.
Нам другие отныне
Суждены берега . . .

Алевтина Дагстанян

Прощальные слова

Ничего . . . Пустота . . .
И в душе, и в груди,
Буд-то вынули сердце . . .
Смешались пути . . .

Словно выстрелом метким
Сразили судьбу.
Больше нету желанья
Продолжить борьбу.

Я устала от жизни
Своей, на беду,
Но за счастьем своим
Больше не побегу.

Испарилась любовь
И завяли цветы,
И ужасно далёким
Становишься ты.

Жизнь моя с этих пор,
Словно ночька,- темна.
И, едва усмехаясь,
Всё светит Луна.

И всё также, как прежде,
Она холодна,
А иною судьбой
Я не награждена.

Что хочу - не могу,
Что могу - не хочу.
И от боли своей
По ночам лишь кричу . . .

Стиснув зубы до хруста
В горящих висках,
Мне уж больше мечтой
Не витать в облаках.

И не славить тебе
Уж моей красоты -
Обронил ты любовь
И сгорели мосты.

Кто - виновен, кто - прав,
Не понять уж теперь,
Заблудившись средь хаоса
Наших потерь.

Как из стиснутых рук
Утекала вода,
Так ушло моё счастье
С тобой навсегда.

В воспалённом мозгу
Память прожитых лет
Оставляет навек
Кровоточащий след.

"Не вернуть! Не вернуть!
Ни - любви, ни - тепла!"-
Корчась в небе ночном
Всё кричала Луна.

Я в молитве на звёзды
Глаза подниму
И на дно океана
Слезой упаду.

Коль опомнишься вдруг,
Не ищи - не найдёшь:
Я уплыла с волной,
А волну - не вернёшь.

Иллюстрация 11 *Слёзы женщины 1977 г.*

Просто Я

Обернувшись слезой,
Я уплыла с волной,
Только сердце оставив
Навеки с тобой.

И, случайно почувствовав
Брызги волны,
Вдруг познаешь ты тайну
Солёной воды.

Так познаешь ты горечь
Утраты любви,-
Никогда не сумеешь
Вернуть её ты.

Обернётся любовью
Другая судьба.
Я ж останусь слезою.
Ничего . . . Пустота . . .

Алевтина Дагстанян

Костёр воспоминаний

"Ах, жизнь!"- ты вздыхаешь порою,
Присев в тишине у костра.
Кто ведает в жизни судьбою?
Кто знает, как мука остра?

Удары рассыпав нещадно,
Судьба усмехнётся. А ты,
Губу закусив, вероятно,
Пытаешься выйти из тьмы.

Как много порой искушений,
Вздохнув, отведёшь ты душой!
Как много порою сомнений
Ты твёрдой отбросишь рукой!

И, суетный бег чуть замедлив,
Решишь оглянуться назад . . .
На жизнь свою ты, неприметлив,
Вдруг бросишь пытливый свой взгляд . . .

Присев у костра среди ночи,
Захочешь вдруг плакать, стенать.
Бессилия крик, что есть мочи,
Во тьму ты пошлёшь - не догнать . . .

И жадно, к крупинке - крупинка,
Начнёшь ты опять вспоминать,
Как в детстве уходит тропинка
В заоблачную благодать . . .

И, жизненный финиш завидев,
Клянёшься ты до хрипоты,
Что Боже судьбою обидел!
А может виновен в том ты?

Иллюстрация 12 *Цыганка 1973 г.*

Свободной душе

Заперли цыгана в четырёх стенах,-
Думали удержат парня в запертях . . .
Но как только ночька шали распустила,
Так душа цыганская крылья распростила . . .

Обещала дева мне золотые горы:
"Позабудь, желанный мой, вольные просторы . . ."
Я б сменил свободу-жизнь на твои оковы,
Только лишь в душе горят той каноны вора . . .

Иллюстрация 13 *Волчица 1994 г.*

Материнская любовь

Одинокая волчица
В боли взвыла на луну.
Кровь из раны всё сочится
В непроглядную во тьму.

И матёрости отличья
Не помогут уж ни в чём.
Не сменить уж ей обличья,
Не вернуться ей домой.

В логове волчат запрятав,
Пулю на себя взяла
И петляя, как умела,
Всё бежала уводя.

И, пьянея от погони,
С диким хохотом крича,
Всё охотники бежали
Удаляясь от волчат.

Сколько силы позволяли,
Всё бежала на закат.
А в догонку всё стреляли,
Сыпя трёхэтажный мат.

Обессилена, упала
В леса мягкую траву,
Помутневшими глазами
Посмотрела на луну.

Языком своим шершавым
Не ласкать уж ей волчат.
И склонившися, берёзы
Скорбно в тишине молчат.

И лишь мысль: "Спасла . . . Все живы . . ."
Сердце замерло в тиши.
И глаза сомкнув, вздохнула
Облегчённо от души.

Орешина и ветер

Одинокая орешина
Нами, вроде, обезгрешенна.
И, качаясь, одинокая,
Стонет веточка безокая.

Ветер, хитростью окутавши,
Обломает, не подумавши.
И слезиночка смолистая
Потечёт, как кровь, небыстрая . . .

Вдруг опомнится, раскается:
Кто ж невинностью бросается?!
Что же плакать ныне в три ручья?
Ветер сгинул, ты ж теперь - ничья . . .

Алевтина Дагстанян

Гусарская застольная

1. Прощайте, друг сердечный . . .
Желаю счастья вам!
Ваш облик подвенечный
Пусть не стереть годам!

Припев. Налейте,
          налейте,
                налейте
                        скорее
                                бокалы!
Не надо - за здравье, не надо и - за упокой,-
Поднимем
          бокалы
                    за счастье
                            прекраснейшей
                                    дамы,
Которой не в силах забыть в своей жизни порой . . .
Прощайте,
          прощайте,
                    желаю счастья вам . . .
Прощайте
          и простите
                        за то, что бог не дал . . .

2. Забудьте лунность встречи
Отвергнутой любви.
Пусть вздрагивают плечи,-
Не скрыть мне слёз, увы!

Алевтина Дагстанян

Женщинам ЭО-3 к 8 марта 1987

Распустились цветы, улыбается день.
Раздавая тепло, солнце светит для вас.
И уходят ненастные дни ваши в тень,
И искрятся улыбки всех женщин сейчас.

Доброта и уют, и любовь, и тепло
Вы приносите в жизнь и в семейный очаг.
Нам лишь с вами на свете спокойно, светло . . .
Вы лишь в силах поднять счастья нашего флаг . . .

Вы - и добрая мать, и - задира-сестра,
И прекрасная женщина, бабушка, дочь,
И, конечно же,- ласковая вы жена,
И . . . Всего перечесть будет просто невмочь . . .

В этот праздник весны мы желаем всем вам
Быть всегда молодыми! Прекраснейших черт
Ваших душ не терять! Припадая к рукам,
Навсегда мы в сердцах сохраним сей момент!

Пусть все дни вашей жизни отныне - всегда
Согревают лишь Счастье, Удача, Успех!
Пусть невзгоды не давят на плечи! Года
Пусть отныне приносят лишь радость и смех!

Иллюстрация 14 *Ирис 1994 г.*

Прощаясь с ЭО-3

Я вас навеки покидаю . . .
Зря? Нет? Я всё ж хочу сказать
И на прощанье пожелаю
Со мной в разлуке - не скучать.

Пусть наш отдел, меняясь внешне,
Сам будет всё ж неизменим.
Не бойтесь быть слегка потешны,-
Страшней друг с другом быть чужим.

Друг к дружке зря не придирайтесь -
Не стоит мелочей искать!
Вы лучше чаще улыбайтесь
И на печаль тогда - плевать . . .

Здоровья, разных там успехов
И счастья в жизни вам желать -
Пусть будет летописи веха,
Что я успела записать . . .

А я прощаюсь со слезами.
Поклон вам бью своим челом.
Облобызаюсь в мыслях с вами
И закруглюсь писать на том . . .

Алевтина Дагстанян

Верёвка Судьбы

Моя судьба угаснет в одночасье
И жизнь покинет нехотя меня.
Уйду я в дождь, уйду в пору ненастья,
Оставив лишь улыбку для тебя . . .

Меня такой, как я была, ты помни.
Не надо приукрашивать ни в чём.
С годами все улягутся тревоги,-
Поймёшь, что путь начертан нам во всём.

Хочу я, чтоб ты знал, как я ценила
Украдкой наши встречи при луне.
Я эти встречи вовсе не забыла,
Они всегда останутся при мне.

Тебе известно: как бы ей не виться,
Верёвка та довьётся до конца.
И, как бы не пыталась ухватиться,
Я удержать конец тот не смогла . . .

Иллюстрация 15 *Красота жизни.*

Караван в Долине Смерти

Дни сменяются ночами
В неизменной череде.
Ночи тонут в звёздном мраке
Средь безлунного "нигде"...

Тонкой огненной рекою
Скоростной твой путь пролёг
По пустыне, где средь камня
Пальмы смотрятся в песок.

Длинноногие зайчата
Встанут вдруг из темноты
В свете фар, как камня столбик,
И невольно вздрогнешь ты.

На сверхскорости объехать,
Не врезаясь в плоть машин,
Ты, из жалости, рискуешь
Лишь по мягкости души.

На мгновенье краем глаза
Ты заметишь серый клок
Изнурённого койота,
Ищущего свой паёк.

И опять - лишь липкий бархат
Необъятной темноты
Между небом и землёю,
Без границы, без черты...

Алевтина Дагстанян

Голубая луна

Голубая луна
В небе звёздном зависла
Бриллиантовой россыпью
Звёзды в небе горят.

Я тебя не виню
В том, что я не достигла
Тех заоблачных далей,
Что всё душу манят.

Не виновен никто
В том, что не получилось.
Хоть и пусто в груди,
Но могу я сказать,

Что всё то, что в судьбе,
На роду ль не случилось,
Буду вечно с луной
Я в ночи вспоминать . . .

Алевтина Дагстанян

Изваяние в саду

Всё, что судьбою не дано,
Одним желаньем не исправить.
Рок с чёртом вместе-заодно
Твоею жизнью будут править.

Судьбы бокал допьёшь до дна.
Как ни старайся, всё - мечтанья.
Опять останешься одна
В саду прекрасном - изваянье.

Алевтина Дагстанян

*** (Прекрасное место)

Прекрасное место -
Пламя душ очарованье,
Ни боли, ни грусти,
Ни разочарованья.

Бесслёзное небо,
Пропавшие тучи
И воспоминания
Больше не мучат.

Улыбчивы воды
И ласков песок,
И нету стучания
Боли в висок,

И нет ни забот,
Ни душевных скитаний,
Ни дум, ни терзающих
Сердце страданий . . .

Лишь лёгкость свободы
И пустоты.
Настойчиво манишь
Меня туда ты . . .

Иллюстрация 16 *Рождение звезды 1975 г.*

Я люблю тебя ночь

Я люблю тебя, ночь.
Бархатистая мгла
Обнимает, секреты
На ухо шепча.

Ветер ветви качает,
Еле слышно скрипя.
Призрак снова мерещится
Мне у плеча.

Лико бледной луны
Дарит мне упокой.
Не зови, не мани
Лучик звёздочки той,

Что в бескрайности мира
Озаряет мой путь.
День прошёл, но во мгле
Мне ещё не уснуть.

Ни уйти, ни забыться
В обещанной мгле
Слишком много на сердце,
Жаль не на языке . . .

Алевтина Дагстанян

✳✳✳ *(Что я помню)*

Что я помню-то? Помню,
Что судьбою дано.
Знаю лишь, что в неволе
Жить мне не суждено.

И душа рвётся к свету
На просторы судьбы.
Только нету ответа
Там, где нету мечты.

Я с тобой - не с тобой ли?
И тревога в груди.
Не увидеть в неволе
Своего мне пути . . .

В темноте неудач
Уж не видеть мне звёзд.
И не важно, кто фразу
"Всё равно" произнёс.

Я в тумане обид
Всё бреду наугад.
Нет дороги вперёд,
Но и нету - назад . . .

Алевтина Дагстанян

Ангел-Хранитель

Если хочешь молчать - молчи.
Коль не хочешь звонить - не звони.
Только знай, что в моей душе
Ты сохранна всегда внутри.

Я пойму всё, о чём молчишь
И всё то, о чём думаешь ты.
Ты лишь сердца мой стук услышь -
Я всегда рядом там, где ты.

Ну а время когда придёт,
Я расправлю крылья свои
И судьба ветром вдруг унесёт,
Дождь омоет следы мои.

В поднебесную высь когда
Ненароком ты взглянешь порой,
Знай на страже стою всегда.
Моё сердце всегда - с тобой.

Если хочешь смолчать - смолчи.
Ну а если душа кричит,
Ты лишь имя моё шепни
И покой к тебе тут же придёт.

Иллюстрация 17 *Первое соло.*

Позолоченные узы

Лес дремучий окружает
Мою ветхую избу.
Старый камень бел-горючий
Одинок на берегу.

Босиком по зорьке алой
Пробегу я по траве.
Дуба мудрый сруб беспалый
Свой совет подарит мне.

Не нужны златые горы -
Им меня не заманить.
Мне бы только на приволье
Родника воды испить.

Мне бы зайке ушки гладить,
С волком на луну повыть,
Только знаю в жизни этой
Так тому совсем не быть.

Я тащусь по жизни этой
Ни во сне - ни на яву.
В суть судьбы другой украдкой
Заглянуть лишь я могу.

Тянет жизнь меня обузой.
В этом мире я - изгой.
Позолоченные узы
Жизни сей - совсем не той.

Алевтина Дагстанян

Верный Оберѐг

Моей Танюшке

Я к тебе подойду
И возьму тебя на руки
И объятьем своим
Я тебя защищу.

Мне не нужно твоё
Доказательство в верности
И твоей благодарности
Я совсем не ищу.

Я приглажу твои
Шоколадные волосы
И сниму с тебя сглаз,
Неудачь твоих боль.

Заберу твои муки
Терзанья и горести,
Что тебя беспокоит -
Сказать мне изволь.

Поцелуй моих губ
Нежно тронет висок твой,
Моих крыльев размах
Весь твой путь оградит.

Мне не ва́жна цена,
Только лишь бы увериться,
Что твой ключик Судьбы
Талисманом блестит.

Алевтина Дагстанян

Валентинка

Зажжёны свечи
И мне на плечи
Опять ложится ночь
   Своею
     Тишиной.

Звезда мигает,
Как буд-то тает.
И шепчет вновь Луна,
    Что нет тебя
      Со мной.

Вино налито,
Едва отпито
И карты вновь ложаться
     В дальний путь
       Тебе.

Как ни тасую,
Как ни молю я -
Казённый дом стоит
    С работой
     Во главе . . .

Возьму полыни,
Клок паутины -
Зелье волшебное
   Я в полночь
     Заварю.

Звук уговора,
Дух заговóра
Я волею своей
　　　　В то зелье
　　　　　　　Претворю.

Я зелье это
Плесну на небо
И в Млечный путь
　　　　　Одно желанье лишь
　　　　　　　　　Пошлю:

Чтоб и в разлуке
Ты помнил руки
Хранящие любовь
　　　　　К тебе
　　　　　　Мою.

Молчание Ангелов

Ты поправишь волосы рукою
И присядешь тихо у огня.
К сожаленью нет тебя со мною,
К сожаленью нет с тобой меня.

Искры пляшут над костром цыганским.
Ты взгрустнула, слёзы не тая.
Чуждые оковы нас не свяжут,
Не взволнует чуждая молва.

Наша связь чиста и непорочна,
Словно Ангела Любви слеза.
И конечно вовсе не нарочно
Смотрим мы на мир глаза - в глаза.

Знаю сердце моё отзовётся
На любой порыв твоей души.
Знаю вместе быть нам не придётся,
Но огонь любви - не потушить.

Табор спит, огонь цыганский пляшет
Искры в небо звёздное летят.
Правды нам с тобой никто не скажет.
Даже Ангелы в ночи - молчат . . .

Алевтина Дагстанян

*** (Я писала стихи . . .)

Я писала стихи
Среди белого дня
Про любовь и про жизнь,
Про тебя и меня.

Я писала стихи
И стенала душа
Обо всём, что случилось,
На пользу иль зря.

Я писала и сердце
Рвалось на куски,
Словно кто-то затягивал
Яви тиски.

Не пройти опять вброд
Реку, что утекла . . .
И осталась лишь горечь
И грусть, и тоска.

Ничего не забыть,
Ничего не вернуть
И сознанье ошибок
Наполнило грудь.

Хоть кричи, хоть стенай,-
Не поможет никто.
Сколь угодно рыдай,
Что ушло - то ушло . . .

И попытка судьбу свою
Перемудрить
Всё ж закончилась так,
Как должно было быть . . .

Алевтина Дагстанян

Ангел мой

Припев. Ангел мой,
   Любовь моя!
   Всё, чем я жила -
   Жила лишь для тебя!

1. Я твоё лицо возьму в свои ладони,
Поцелую кровью орошённые виски.
Ты теперь уж в жизни боле не со мною,
Сердце моё загнанно в судьбы тиски.

2. Перья твоих крыльев, плача, собираю,
Прижимая их к груди дрожащею рукой.
Безысходно губы я свои кусаю -
Не смириться мне, что нет тебя со мной!

3. Я бегу за ветром, перья догоняя,
Словно может это всё на свете изменить.
Не могу смириться я, хоть я и понимаю -
Не дано судьбой тебя мне воскресить!

4. Крылья распростив, ты предо мною встал,
Грудью принял рока зла удар.
Ты себя отдал, свою судьбу отдал,
Сохранив мой грешный жизни дар!

5. Было ясно для тебя всё мирозданье.
Для тебя была я просто - человек.
Ты не поддержал моей души желанье.
Подвиг твой поработил меня на век!

Припев. Ангел мой,
   Любовь моя!
   Если нет тебя -
   Нет значит и меня . . .

Алевтина Дагстанян

Прощальное письмо

Осознать и простить,
Отпустить и забыть
И понять, что с начала
Так должно было быть.

Ты взяла, что смогла
И за эти года
Ты испила всю чашу
До самого дна.

Больше нету пути
И пора уходить,
И бессмысленно рану
Опять бередить.

Осознанье конца
Мне приносит покой.
Уж не надо бороться -
Я хватила с лихвой.

Я писала стихи
И словами звеня
Написалось прощанье
От меня для тебя . . .

Алевтина Дагстанян

Синица на ветви

Твой миражный успех
Улетел с ветерком,
Словно жизнь была только
Видением, сном . . .

Не гонись за жар-птицей
В бирюзовой дали,
Ограничься синицей,
Что сидит на ветви.

Нету сказки - лишь явь,
Нету счастья - лишь боль.
И по жизни ты тащишь
Свой рок, как изгой.

И никем ты не понят,
И тернистен твой путь,
И с надеждой притворство,-
Чтоб себя обмануть.

Вдруг раду́жные замки
На прибрежном песке
Распадутся, подвластные
Жадной волне.

И опустятся крылья
За твоею спиной -
Больше нету уж сил
Всё бороться с волной.

Больше нету желанья
Удержанья венца.
И лишь слёзы смахнёшь ты
Украдкой с лица . . .

Алевтина Дагстанян

Годы жизни

Промелькнула жизнь перед глазами,
Уложив всё в легкокрылый миг.
И всё то, что делал я пред вами,
И всё то, что вовсе не достиг.

Все, кто близок был ко мне хоть как-то,
Оказались вдруг внутри игры.
Той игры, что в общем безвозвратна
И не в той, где в выигрыше - мы.

Сердце разрывается на части
По куску на всех, кого люблю.
И предотвратить ваши несчастья
Я хочу, пытаюсь . . . не могу!

Это выше моего сознанья,
Вне того, что в жизни я сумел.
Я не жажду ваше оправданье,
Всё, что делал - делал, как умел.

Вот мой вздох и возглас мой последний,-
Всё, что я могу оставить вам:
Радуйтесь годам своим весенним,
Кланяйтесь осенним всем годам!

Алевтина Дагстанян

*** (Кто-то что-то где-то)

Кто-то что-то где-то запланировал,
Кто-то что-то где-то заказал.
Только рок судьбы тебя не миловал,
Поворот судьбы - не миновал . . .

Пламя свечки жизни всё колышется
Под крылом лихого сквозняка.
И всю жизнь надежды голос слышится,
Хоть в тумане цель видна пока . . .

То ли есть, иль то ли вроде б не было . . .
И души сомненья студят кровь.
Знаешь только, что в судьбе не встретило
Окончание - истоков вновь . . .

Плачь, стенай, скорбя опять молитвы пой,-
Всё - без разницы, когда истёк песок
Тех часов, что бьют набат за упокой
В кладбище с крестом наискосок . . .

Алевтина Дагстанян

*** *(Да покинет тебя печаль)*

Да покинет тебя печаль
И любовь осветит твой лик!
Мир надежды уводит в даль.
Мир, который я не постиг.

Я невзгоды твои заберу,
Но в осенней промозглой ночи,
Хоть я имя твоё шепчу,
Мне Луна в ответ промолчит.

Улыбнёшься чему-то во сне
Своей детской наивной душой
И по лунной дорожке к мечте
Побежишь ты звёздной росой.

Я объятьями крыльев своих
Поддержу тебя на пути.
Пусть не знать тебе песен моих,
Мне из жизни твоей не уйти.

Иллюстрация 18 *Уход ангела.*

Мне пора

Вот и всё, мне пора
Разлучаться с тобою.
Вот и всё, жизнь прошла,
Словно пенной волною.

Ты меня не поймёшь,
Но и не позабудешь.
Я уйду под шумок,
Но ты плакать не будешь.

Вот и всё, день прошёл
И решенье нависло.
Вот и всё, он пришёл
Этот час ненавистный.

Ты пойми - тяжело
Мне прощаться с тобою,
Но так видно дано
Изначально судьбою.

Ведь её, хоть хитри,
Всё равно не обманешь
И коль ею дано -
Ты другою не станешь.

И пора привыкать
Без моей жить поддержки.
И пора принимать
Этой жизни издержки.

Вот и всё, не зови,
Не смогу я вернуться.
Вот и всё, нам в пути
Суждено разминуться . . .

Алевтина Дагстанян

Послесловие

Ну что ж, если вас хватило дочитать до этой страницы, то вы достойны узнать небольшой секрет . . . То, что вы только что прочитали, написано не только наяву, но иногда и в приступах сомнамбулизма, поэтому речь идёт не только от моего лица, но и от кого бы то ни было в каждом определённом стихотворении . . .

Как буд-то вам и без того мало было над чем поломать голову . . .

Алевтина Дагстанян

Об авторе

Родившись в городе Саратове, Алевтина провела юность в ныне не существующем СССР, а вторую половину своей жизни - в США.

Она воспитывалась в семье отца-военнослужащего и матери-заведующей библиотекой, которые ныне находятся на заслуженном отдыхе.

Строгость воспитания позволили ей приобрести такие ценные качества, как научиться ценить время, заранее планировать и оптимизировать все свои необходимые действия, быть собранной и находчивой. Алевтина с детства не воспринимала отговорку "не могу" в достижении какой-либо цели.

Неиссякаемый юмор её отца и педантичность матери приучили её встречать и бороться с трудностями жизни с неунывающим вызовом. Многогранная одарённость Алевтины всё время требовала от неё новых и новых достижений.

Помимо общеобразовательной школы, которую она блестяще закончила в четвёртом по величине литовском городе Щяуляе, она параллельно с отличием закончила музыкальную школу по игре на фортепиано и даже участвовала в Прибалтийском конкурсе молодых пианистов.

Участвуя в школьных олимпиадах по математике и физике, Алевтина находила время на работу в классной стенгазете, организации викторин, дискотек и постановку юмористических и театрализованных представлений для своих одноклассников. И даже в очень краткое свободное время она умудрялась рисовать, композиторствовать и писать стихи и рассказы.

Постоянные летние посещения бабушки Анны, проживавшей в небольшом селе Квасниковка на берегу Волги, открыла для Алевтины возможность видеть и понимать все нюансы радуги жизни и окружающей природы, порой ускользающие от других, что немедленно отразилось в красочной передаче этого в своей поэзии.

Общение же с бабушкой Зиной, проживавшей в Саратове, открыли для Алевтины мир вязания и вышивки и непреодолимую страсть к коллекционированию миниатюрных предметов. Вышитые ею картины неописуемо сложны и уникальны.

Алевтина получила высшее образование в столице Латвии - Рига по специальности АСУ, что с успехом использовала в последствии для работы в США.

Встретившись в студенческие годы со своим будущим мужем Рубеном,- принимавшим неоднократные участия в чемпионатах от Армении по дзю-до, пока полученная на тренировках травма не лишила его этой возможности,- она вскоре вышла за него замуж и дополнила свой багаж знанием армянского языка.

С интервалом в пять лет родились её двое сыновей: Эдуард, родившийся в Щяуляе, и Давид - в столице Армении Ереван, куда Алевтина и переехала жить со своим мужем.

Будучи дочерью военнослужащего, судьба с детства заставляла её путешествовать. Оказавшись в США, привычка к "боевой готовности" позволила ей с наименьшими трудностями переезжать из штата в штат в связи с работой.

"Прокоптившись" в смоге Лос-Анджелеса и "засохнув" недалече от Пустыни Смерти - в Барстоу, Алевтина "отсырела" в топях Деридера Луизианы, после чего ей пришлось заново "поджариваться" в Барстоу с недолгим заездом в "сауну" Морис Плейнс штата Нью-Джёрси.

Создавая сложнейшее программное обеспечение для крупнейших фирм США и Японии, она так же имела возможность успешно работать и в крупнейших военных тренировочных центрах США, попав в привычную для неё обстановку дисциплины и скрупулёзности.

Неунывающий характер и юмор Алевтины всегда помогали ей понимать и преодолевать различие между разнообразными культурами, национальными привычками и традициями. Её наблюдательность и внимание к деталям дали возможность сравнить север с югом, а восток с западом.

После множественных переездов, Алевтина с семьёй, наконец, осела в своём первом собственном доме "радиоактивного",- как она частенько подшучивает,- жительства по соседству с Лабораторией Лоуренса в полюбившемся ею Ливерморе.

Её старший сын - Эдуард - получил высшее образование бизнес аналитика, женился и работает в Сакраменто, проживая там со своей женой Элизабет и двумя сыновьями: Михаилом и Рубеном.

Младший сын Алевтины - Давид - получил высшее образование в нейронауке и готовится продолжать своё обучение для становления практикующим нейрохирургом.

Алевтина всю свою жизнь имела тесную связь с животным и растительным миром. Она легко устанавливает невидимый контакт с любым, даже совершенно незнакомым животным.

В Рижском зоопарке Алевтина подошла к клетке льва и просто с ним "пообщалась". Лев следовал за ней от одного конца вольера к другому вдоль решётки, пока приревновавшая львица не устроила ему трёпку и загнала его внутрь.

В Лос-Анджелесовском зоопарке Алевтина наблюдала, как скучающая горилла посылала поцелуи не реагирующим на её действия проходившим мимо посетителям. Алевтина послала горилле воздушный поцелуй, отчего горилла в восторге чуть не свалилась со своего пенька, стала шумно аплодировать и радостно прыгать, провожая её до самого конца вольера.

Будучи отзывчивой не только к людям, но и к животным, она постоянно спасает, вылечивает и подкармливает бездомных голубей, котов и даже мышей. На улице за ней постоянно можно увидеть гурьбу кошек и собак, словно чувствующих, что она не останется равнодушной и им поможет.

В конце концов сдавшийся муж согласился иметь у них дома мини-зоопарк. Алевтина в данный момент имеет красноуздечного амазонского попугая Робби, миниатюрную зайчиху Дашу, Дамбо-ухого крысёнка Жоржика, кота-мейнкуна Оскара, абсолютно белую кошку Сникерс и три кавказских овчарки: Барона, Джану и Ориона. Последний из которых был рождён в их доме, где Алевтина принимала непосредственное участие и помощь в родах Джаны.

Несмотря на абсолютную полноту своего дня, занятая заботой о семье и зоопарке, она умудряется каждый день готовить изысканные блюда, от чего её гурман-муж и дети каждый раз жалуются на переедание.

И только поздно вечером, когда она наконец получает свободное время, Алевтина берётся за перо и "отключается" - погружается в свой мир.

Всю свою жизнь только избранные близкие и знакомые люди имели доступ к её произведениям, бурно настаивая, чтобы Алевтина издала их, предоставляя и незнакомым с ней людям эту возможность, с чем она в итоге и согласилась.

Чувствительность её тонкой натуры отразилась в глубоко искренней поэзии, избранные стихотворения которой и включены в эту книгу. Каждое её стихотворение можно сравнить с живописью словами. Интересным фактом является признание Алевтины о процессе написания её стихотворений,- они для неё всегда звучать в виде песни. "Словно душа моя поёт мне строки, которые я еле успеваю записывать . . .".- говорит она.

Алевтина настолько поглощена в поэзию, что частенько пишет стихи и во время своего сомнамбулизма. Первый раз она с изумлением обнаружила утром стихотворение на небольшом клочке бумаги, лежавшем на её столе, которое было написано её почерком, но словно неуверенной рукой. Не уместившись на бумаге стихотворение было продолжено на крышке стола. С тех пор в её привычку вошло на всякий случай оставлять на столе большой лист бумаги и ручку. Алевтина не перестаёт изумляться стихам, фразам и даже рисункам, которые она иногда обнаруживает по утрам.

Эта книга затронет душу любого - от подростков до зрелых в своей мудрости людей и откроет для них насыщенный чувствами и эмоциями мир - мир Алевтины.

Индекс

Алевтина Дагстанян

Иллюстрации